Morphological Analysis Workbook

형태분석법 워크북

MA

Learning & Growth

Learning & Growth

Learning & Growth의 아이디어 워크북

아이디어가 필요해!

여러분이 어떤 일을 하든지 산업 트렌드는 빠르게 변하고 있고
경쟁은 나날이 치열해지고 있습니다.
이에 적응하려면 여러분이 담당하는 제품, 서비스, 컨텐츠 등도
시대 및 상황에 맞춰 바뀌어야 하죠. 여기에 적응하는 것을 넘어
변화를 선도하기 위해선 새로운 아이디어가 필요합니다. 하지만
애석하게도 아이디어는 가까이 있어도 잡기 어렵고 잡을 것
같다가도 연기처럼 흩어지기 일쑤입니다. 그래서 신선한
아이디어를 내는 조직이나 사람을 보면 대단해 보입니다.

아이디어는
똑똑하거나 창의력이 뛰어난 사람만 생각할 수 있나요?

아닙니다. 물론 창의력이 높은 사람이 기발한 아이디어를 좀 더 잘
발굴할 수는 있습니다. 하지만 좋은 아이디어를 혼자서 뚝딱
만드는 사람은 극히 소수에 불가합니다. 사람들을 움직이는 좋은
아이디어는 '사고 도구'를 활용하는 것, 팀이 함께 '의견을 주고
받는 것'으로 얼마든지 창출할 수 있습니다.
'사고 도구'는 다른 말로 '아이디어 도출 기법'인데 조금만
검색하면 정말 많은 기법들을 찾을 수 있습니다. 다만 이를 나의
문제, 우리의 문제에 적용하는 것이 익숙하지 않을 수 있습니다.

Learning & Growth의 아이디어 워크북

Learning & Growth의 아이디어 워크북은 여러분이 마주하는 새로운 도전과제를 해결할 수 있도록, 다양한 아이디어 도출 기법을 어떻게 활용할 수 있는지 가이드를 제시합니다.
본 워크북을 통해 아이디어 도출 기법을 쉽고 자연스럽게 습득해보기 바랍니다.

- 실제 컨설팅 프로젝트를 수행하면서 활용하고 성과를 창출한, 검증된 기법입니다.
- 가벼운 문제와 답변 예시를 통해
  독자가 내용을 빠르게 이해하고 습득하도록 구성했습니다.
- 활용도를 높이기 위해 다양한 주제의 사례를 담았습니다.
- 새로운 사례를 엿본다는 생각을 가지고 워크북을 완독한다면, 자연스럽게 해당 주제의 아이디어 도출 방법을 습득할 수 있습니다.

아이디어 도출 워크북 내용 구성

1장은 형태분석법의 개념을 간단히 설명하고 있습니다.

2장의 연습은 배경, 문제와 답, 실전 가이드로 구성되어 있습니다.

ㄱ. 배경 – 각 사례는 일상 속 있을 만한 상황을 재구성 했습니다. 가볍게 읽고 맥락을 파악하면 문제 푸는데 도움이 됩니다.

ㄴ. 문제와 답
- 쉬운 워크북 학습
객관식 문항으로 구성하여, '보기' 항목을 보면 직관적으로 풀 수 있는 수준의 난이도로 제작되었습니다.

- 쉬운 내용부터 전개
전체 내용은 난이도 순으로 배치했습니다.
목차 순서대로 학습 해보길 추천합니다.

ㄷ. 실전 가이드
– 아이디어 도출 기법을 더 잘 활용할 수 있는 가이드 또는 팁 등에 대해 정리했습니다. 문제를 풀고 읽어 본다면 내용을 더 쉽게 체득할 수 있습니다.

3장의 일상 속 형태분석법은 말 그대로 평소에 형태분석법을 연습할 수 있는 방법을 소개하고 있습니다.

목차

아이디어 도출 워크북

1장

형태분석법 개념

MA

형태분석법 개념

형태분석법은 무엇인가요?

형태분석법(Morphology analysis)은 프리츠 즈위키(Fritz Zwicky)*
박사가 고안한 아이디어 도출 방법입니다. 형태학이란 말 자체가
생물의 내부 구조나 외형을 연구한다는 의미가 내포되어 있는데,
해결할 문제를 세부 구성 요소들의 조합으로 바라보면서 이를
차트로 만든 후 아이디어를 도출하는 방법입니다.

초기엔 기술 분야에서 주로 활용되었지만 이후 여러 분야로
응용하여 제품을 개선하거나 원가를 절감할 때, 그리고 비즈니스
아이디어를 도출할 때도 활용합니다.

예를 들어 '종이컵 품질 개선'을 위해 아이디어를 도출한다고
가정했을 때 종이컵을 '크기', '모양', '재질', '색' 등의 관점으로
바라보고 분석하는 것이죠. 만약 '모양' 요인으로 종이컵을
분석하면 '일반적인 원통형 모양', '일회용 종이컵인 역삼각형 모양',
'플라스틱 용기에 담긴 둥근 모양' 등과 같은 속성들을 도출할 수
있습니다.

Note: Fritz Zwicky, 캘리포니아 공과 대학 우주공학교수 *(1898~1974)*

형태분석법 개념

아이디어는 어떻게 도출하나요?

형태분석법 아이디어 도출은 요인이 1개 축일 때, 2개 축일 때, 3개 축일 때로 나눠 봐야합니다.

요인이 1개축일 때

크기
모양
재질
색
⋮

요인이 2개축일 때

크기
모양
재질
색
⋮

가격　품질　내구성

요인이 3개축일 때

크기
모양
재질
색

10대
20대
30대
40대

가격 품질 내구성

첫 번째, 요인이 1개축일 때는 앞에서 말했던 종이컵 예시와 크게 다르지 않습니다. 이는 종이컵 '외형'이라는 요인 하나만 주로 사용하기 때문에 주로 형태학의 기본을 생각하며 활용합니다.

두 번째, 요인이 2개축일 때입니다. 이땐 두 가지 요인을 가로축과 세로축에 배치하여 아이디어를 도출합니다. 요인이 1개일 때 보다 더 복잡한 주제를 다룰 수 있습니다. 가령 '종이컵 판매 촉진을 위한 아이디어 도출' 주제로 아이디어를 낸다면 가로축은 '종이컵 외형', 세로축은 '고객의 니즈'라는 요인을 설정할 수 있겠네요.

마지막으로 3개의 요인축을 활용할 때 입니다. 3개의 요인을 xyz축으로 배치하고 형태를 분석하기 때문에 해결하고자 하는 문제가 명확할 때 사용하기 좋습니다. 앞의 2개 축에 '연령'이란 요인을 하나 더 추가하면 3개 축이 됩니다. 다만 이런 접근은 숙련도가 높거나 IT 시스템을 활용해야 논의가 수월하기 때문에 비즈니스 아이디어 도출할 땐 잘 사용하지 않습니다.

본문에서 자주 사용하는 단어 중 3개 용어에 대해 운영적 정의를 하겠습니다. 비슷한 용어를 함께 표현했으나, 용어 정의에 너무 매몰될 필요는 없습니다.

아이디어 도출 예시

A 고객 니즈 / 간판 요소	즐거운 쾌활한 **귀여운**	깔끔한 상쾌한 **맑은**	소박한 잔잔한 **온화한** B	복잡한 환상적인 **화려한**	식품한 그윽한 **은은한** ...
종류	아기자기한 돌출형	가벼운 사선형	잔잔한 가로형	과한 돌출형	단정한 세로형
몸체	요밀조밀한 사각형	부드러운 특수도형	유연한 원형	복잡한 디자인형	단순한 직사각형
조명 (작동 방식)	내부조명	외부조명	비조명	내부조명+ 외부조명	약한 내부조명
조명 (발광 기술)	자연광	반사광	백열등	다색의 LED	반사광+ LED
서체	귀여운 엽서체	가벼운 휴먼체	안정된 고딕체	**화려한 예스체**	단순한 고딕체
색채	밝은 핑크색	투명한 흰색	안정된 남색	안정된 남색	그윽한 해질녘색
재질	부드러운 섬유	깔끔한 아크릴	안정적인 목재	빛이 반사 되는 철재	오래된 목재

형태분석법 워크북 문제 형태 (3-1 내용 中)

A 요인 – 형태를 다양한 시각으로 쪼갠 뒤 도출한 분석 관점
(≒Dimensions, Parameter, Factor, Component, ...)

B 속성 – 요인을 세부항목으로 쪼갠 분석 관점
(≒List, Values, Conditions, 세부요소, ...)

C 아이디어 – 도출된 속성들의 결합을 통해
생각해 볼 수 있는 아이디어 (≒매트릭스, 차트, ...)

2장
형태분석법 연습

1. 나만 알고 싶은
형태분석법 활용 Tips

형태분석법 요인을 발굴 할 땐 제품은 2V, 서비스는 2P

① 주제(목표) 선정   ② 아이디어 유형 결정   ③ Tips 활용

형태분석법
워크북을
많이 알리자

아이디어
유형은?

이북을 잘
만들자*(제품)*
- Visible
- inVisible

마케팅을 잘
하자*(서비스)*
- Process
- Pin point

요인 발굴 Tips 활용 프로세스

1.형태분석법의 주제를 선정합니다.

2.도출하려는 아이디어 유형이 **제품인지 서비스인지 구분**합니다.

3. 2V, 2P 관점을 활용하여 아이디어 유형에 어울리는 요인을
고민합니다.
1) 제품 유형이면 **Visible과 Invisible 관점**으로 요인을 고려
2) 서비스 유형이면 **Process와 Pin point 관점**으로 요인을 고려

1. 나만 알고 싶은 형태분석 Tips

요인은 최대한 많이 도출하고 필요한 것만 쓰자

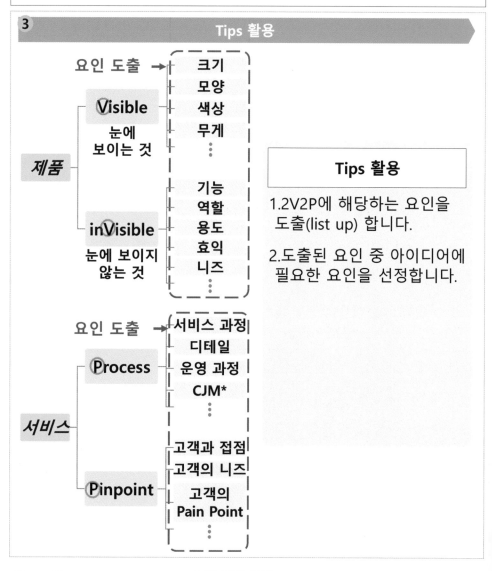

3 Tips 활용

요인 도출 →
- 크기
- 모양
- 색상
- 무게
- ⋮

Visible
눈에 보이는 것

제품

- 기능
- 역할
- 용도
- 효익
- 니즈
- ⋮

inVisible
눈에 보이지 않는 것

요인 도출 →
- 서비스 과정
- 디테일
- 운영 과정
- CJM*
- ⋮

Process

서비스

- 고객과 접점
- 고객의 니즈
- 고객의 Pain Point
- ⋮

Pinpoint

Tips 활용

1. 2V2P에 해당하는 요인을 도출(list up) 합니다.

2. 도출된 요인 중 아이디어에 필요한 요인을 선정합니다.

*Note: *Customer Journey Map (고객 구매 여정)*
1. 나만 알고 싶은 형태분석 Tips

2. 1개 축으로만 요인을 활용하는 경우

1) 안전하고 실용적인 우유 용기를 만들자

2) 평범한 자전거가 개선되기 위해선?

3) 패션은 얼굴이 아닌 조화

이 우유 마셔도 되겠지?

우유 통에서
잉크가 묻어나네?
마시기 안전할까?

산업디자이너 박안전 씨는 마트에서 플라스틱 팩에 담긴 우유를 샀습니다. 환경을 생각해 마트에서 주는 비닐봉지에 우유를 담지 않고 직접 들고 집에 돌아왔습니다. 그런데 박안전 씨의 손에 우유팩 외관 로고에서 나온 잉크가 묻어 있었습니다. 박안전 씨는 생각했습니다.

*"이렇게 잉크가 묻어나오는 용기에 들어있는 우유는
마시기에 안전할까?"*

박안전 씨는 잉크가 묻어나오는 용기에 들어있는 우유는 안전하지 않다고 생각했습니다. 그래서 안전하고 실용적인 우유 용기를 직접 디자인 해보기로 합니다.

2. 1개 축으로 요인을 활용하는 경우

| 정답 고르기 |

① 빈칸에 어울리는 우유통 요인을 찾아보자

재료는?	플라스틱	비닐	유리	종이	알루미늄	친환경 소재
	나무	철	화학섬유	고무	섬유 ···	

?	원통형	직사각형	삼각형	다각형	캐릭터형	글자형
	자연형	사물형	동물형 ···			

마개는?	코르크 캡	크라운 캡	스크류 캡	스포츠 캡	보틀 캡 ···

용량은?	500ml 이하	1L 이하	2L 이하	3L 이하	4L 이상 ···

용도는?	통	컵	그릇	냄비	바구니 ···

색상은?

⋮

보기

① 모양은?   **② 성별은?**   **③ 서식지는?**

2. 1개 축으로 요인을 활용하는 경우

① 빈칸에 어울리는 우유통 요인을 찾아보자

재료는?	플라스틱	비닐	유리	종이	알루미늄	친환경 소재
	나무	철	화학섬유	고무	섬유 •••	

?	원통형	직사각형	삼각형	다각형	캐릭터형	글자형
	자연형	사물형	동물형 •••			

마개는?	코르크 캡	크라운 캡	스크류 캡	스포츠 캡	보틀 캡 •••

용량은?	500ml 이하	1L 이하	2L 이하	3L 이하	4L 이상 •••

용도는?	통	컵	그릇	냄비	바구니 •••

색상은?						

보기

❶ 모양은?　　　❷ 성별은?　　　❸ 서식지는?

2. 1개 축으로 요인을 활용하는 경우

② 나열된 속성으로 제작할 수 있는 우유병을 찾아보자

재료는?	플라스틱	비닐	유리	종이	알루미늄	친환경 소재
	나무	철	화학섬유	고무	섬유 ⋯	
모양은?	원통형	직사각형	삼각형	다각형	캐릭터형	글자형
	자연형	사물형	동물형 ⋯			
마개는?	코르크 캡	크라운 캡	스크류 캡	스포츠 캡	보틀 캡 ⋯	
용량은?	500ml 이하	1L 이하	2L 이하	3L 이하	4L 이상 ⋯	
용도는?	통	컵	그릇	냄비	바구니 ⋯	
색상은?						

보기

① 유리로 된 삼각형 우유병
- 마개 – 코르크
- 용량 – 600mL
- 용도 – 보관 통

② 휴지로 만든 원형 우유곽
- 마개 – 없음
- 용량 – 100L
- 용도 – 전투

③ 방사능으로 만든 우유병
- 마개 – 스크류 캡
- 용량 – 100ml
- 용도 – 장식

2. 1개 축으로 요인을 활용하는 경우

② 나열된 속성으로 제작할 수 있는 우유병을 찾아보자

재료는?	플라스틱	비닐	유리	종이	알루미늄	친환경 소재
	나무	철	화학섬유	고무	섬유 …	
모양은?	원통형	직사각형	삼각형	다각형	캐릭터형	글자형
	자연형	사물형	동물형 …			
마개는?	코르크 캡	크라운 캡	스크류 캡	스포츠 캡	보틀 캡 …	
용량은?	500ml 이하	1L 이하	2L 이하	3L 이하	4L 이상 …	
용도는?	통	컵	그릇	냄비	바구니 …	
색상은?						

보기

❶ 유리로 된 삼각형 우유병
- 마개 – 코르크
- 용량 – 600mL
- 용도 – 보관 통

❷ 휴지로 만든 원형 우유곽
- 마개 – 없음
- 용량 – 100L
- 용도 – 전투

❸ 방사능으로 만든 우유병
- 마개 – 스크류 캡
- 용량 – 100ml
- 용도 – 장식

2. 1개 축으로 요인을 활용하는 경우

③ **샘플 이미지 속 우유병의 속성을 파헤쳐보자**

샘플 이미지

자료출처: yankodesign (+hem사 제품)

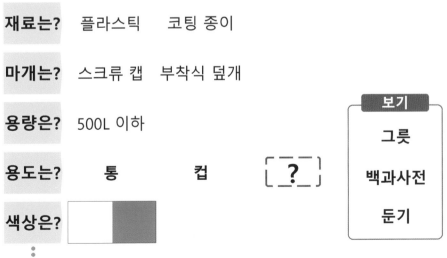

재료는? 플라스틱   코팅 종이

마개는? 스크류 캡   부착식 덮개

용량은? 500L 이하

용도는?   통   컵   [?]

보기

그릇

백과사전

둔기

색상은? ⬜🟫

⋮

2. 1개 축으로 요인을 활용하는 경우

③ **샘플 이미지 속 우유병의 요인을 파헤쳐보자**

샘플 이미지

자료출처: *yankodesign* (*+hem*사 제품)

재료는? 플라스틱 코팅 종이

마개는? 스크류 캡 부착식 덮개

용량은? 500L 이하

보기

용도는? 통 컵 그릇

그릇

백과사전

둔기

색상은?

⋮

2. 1개 축으로 요인을 활용하는 경우

눈에 보이는 요인 도출하기

형태분석법 연습 1단계는 요인을 잘 도출하는 것입니다.

2-1)우유 사례에서 모양, 마개, 용량, 색상 등은 눈으로 볼 수 있는(Visible) 요인들로 제품을 관찰하면 쉽게 떠올릴 수 있습니다.

그러나 재료, 용도 등은 눈으로 바로 볼 수 있는 것이 아닌(Invisible) 요인이어서 제품을 누가, 언제, 어디서, 어떻게 활용하는지를 상상하는 것이 필요합니다.

요약하면 **제품에 대한 아이디어를 떠올릴 땐 눈에 보이는 요인과 보이지 않는 요인이 무엇이 있을지 생각해보는 것부터 시작하면 됩니다.**

눈에 보이는 것만
고민하면,
눈에 보이지 않는 것을
놓칠 수도 있겠구나!

2. 1개 축으로 요인을 활용하는 경우

우유팩 (종이팩)은 따로 분리수거 해야 합니다.

일반팩과 멸균팩을 **따로**
분리배출해주세요

내손안의 분리배출
어플리케이션 다운로드

안드로이드　애플

2022년 1월부터 종이팩 분리배출 표시가 일반팩과 멸균팩으로 변경됩니다.
(환경부고시 제2021-140호)

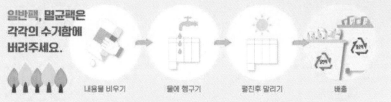

※ 종이팩은 씻고, 펼치고 말려서 배출해주세요.(단, 일반팩은 물로 헹구고 말려서 배출 가능)
※ 종이컵, 신문지, 종이 상자, 컵라면 용기 등 기타 종이류는 따로 배출해주세요.

Source : 환경부 (종이팩 재활용 활성화 한다...종류별 분리배출 강화)
2. 1개 축으로 요인을 활용하는 경우

패션은 디테일 그리고 조합이 생명

죽마고우인 31살 최견훤과 장왕건은 자주 티격태격합니다. 왕건이의 셔츠를 사러 간 상황에서 최견훤은 장왕건에게 이렇게 말합니다.

"왕건아, 패션은 옷이 문제가 아니야. 얼굴이 문제지. 그러니까 넌 너무 고민하면서 셔츠를 살 필요가 없어"

이 말을 들은 장왕건은 발끈하여 최견훤에게 말합니다.

"뭘 모르는 소리 하네. 나와 어울리는 셔츠를 못 찾아서 그런 거야. 내가 다음 주까지 내가 원하는 셔츠를 찾아서 꼭 보여준다."

장왕건은 셔츠 요인 중 가장 중요하게 생각하는 실루엣, 색상, 넥타이, 로고, 단추의 디자인을 나열한 후 서로 어울리는 것끼리 합쳐 원하는 옷을 이미지화 하려 합니다. 이후 그 옷과 가장 비슷한 옷을 사거나, 직접 만들 생각이죠.

장왕권은 최견훤에게 본인이 원하는 옷을 보여줄 수 있을까요?

2. 1개 축으로 요인을 활용하는 경우

정답 고르기

① **빈칸에 어울리는 셔츠 요인을 찾아보자**

요인	후보로 생각하는 셔츠 디자인			
	디자인 A	디자인 B	디자인 C	디자인 D
1. 실루엣				
?				
3. 넥타이				
4. 로고				
5. 단추				

보기

① 글씨　　② 작가　　③ 색상　　④ 무지개

2. 1개 축으로 요인을 활용하는 경우

정답

① 빈칸에 어울리는 셔츠 요인을 찾아보자

요인	후보로 생각하는 셔츠 디자인			
	디자인 A	디자인 B	디자인 C	디자인 D
1. 실루엣				
2. 색상				
3. 넥타이				
4. 로고				
5. 단추				

보기

① 글씨　　　② 작가　　　❸ 색상　　　④ 무지개

2. 1개 축으로 요인을 활용하는 경우

② **장왕건이 1순위로 원하는 셔츠 디자인은?**

요인	선호하는 셔츠 디자인			
	1순위	**2순위**	**3순위**	**4순위**
1. 실루엣				
2. 색상				
3. 넥타이				
4. 로고				
5. 단추				

보기

2. 1개 축으로 요인을 활용하는 경우

30

② 장왕건이 1순위로 원하는 셔츠 디자인은?

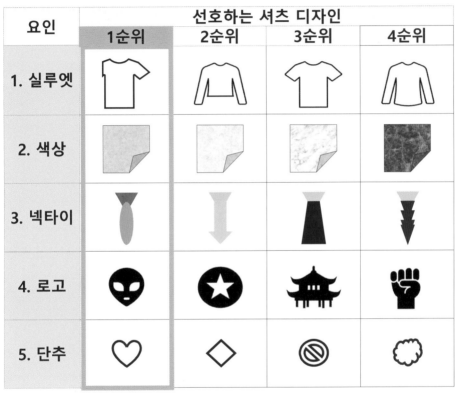

요인	선호하는 셔츠 디자인			
	1순위	2순위	3순위	4순위
1. 실루엣				
2. 색상				
3. 넥타이				
4. 로고				
5. 단추				

보기

2. 1개 축으로 요인을 활용하는 경우

속성 한 번 더 파헤치기

2-1)의 우유 사례에선 '모양' 이라고 하는 요인을 바탕으로 원통, 직사각형과 같은 '속성'을 나열했습니다.

이번 2-2)패션 사례에선 **눈에 보이는 속성을 다시 한 단계 더 자세히 분해**했다고 보면 됩니다.

다시 말하면 '모양'이란 상위 단계의 요인 속에 실루엣, 색상, 로고 등의 '속성'을 바탕으로 아이디어를 떠올릴 수도 있으나, 실루엣, 색상, 로고를 다시 '요인'으로 두고 아이디어를 떠올린 것입니다.

이를 한 번 더 활용하여 **더욱 디테일한 부분에서 더 신박한 아이디어를 내고 싶다고 하면, 로고를 다시 또 '요인'로 두고 아이디어를 낼 수도 있습니다.**

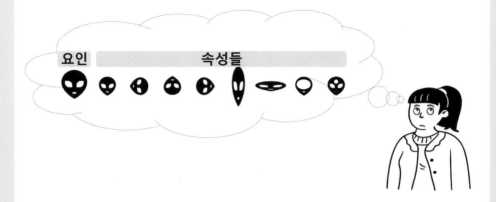

2. 1개 축으로 요인을 활용하는 경우

Adjective를 활용한 8가지 비교 요인

형태분석법을 진행할 때 기본적으로
'품질', '수량', '크기', '모양', '색', '국가', '연령', '구성 물질'을
기억하고 있으면, 수월하게 요인을 발굴할 수 있습니다.

Quality	Quantity/ Number	Size	Shape	Color	Nation -ality	Age /year	Material
Best	One	Small	Straight	Red	Korean	Old	Wooden
Good	Two	Big	Round	Blue	American	Young	Plastic
Standard	Three	Tiny	Square	Green	Japanese	New	Glass
Bad	Four	Tall	Oval	Pink	Canadian	Ancient	Brass
Terrible	Five	Short	Flat	Black	Spanish	Youthful	Metal

Note : adjective order 재구성

2. 1개 축으로 요인을 활용하는 경우

자전거를 더 빠르고 안전하게 개조하려면?

갑자기 자전거가 왜 그러지?!?!

대학교 4학년인 김복동 씨는 신입생 때 구입한 자전거를 지금까지 타고 있습니다. 학교를 통학할 때, 운동할 때, 이동할 때 등 여러모로 잘 사용하고 있죠. 그런데 얼마 전 잔고장이 한 번도 없었던 그의 자전거가 삐걱거리기 시작했습니다.

그래서 이번에 자전거를 수리하면서 더 안전하고 빠르게 달릴 수 있도록 개조하기로 생각했습니다.

전문 센터에 맡겨 수리하고 개조할 수도 있지만, 대학생인 김복동 씨에게는 비용이 만만치 않습니다. 그래서 직접 수리 및 개조하려고 하는데요. 그는 첫 번째 단계로 자신의 자전거를 진단하려 합니다.

*"본격적으로 수리하고 개조하기 전에
자전거 어느 부분을 건드려야 하는지 파악해보자"*

2. 1개 축으로 요인을 활용하는 경우

① **자전거를 고치기 전 자전거의 구성요인을 파악하자**

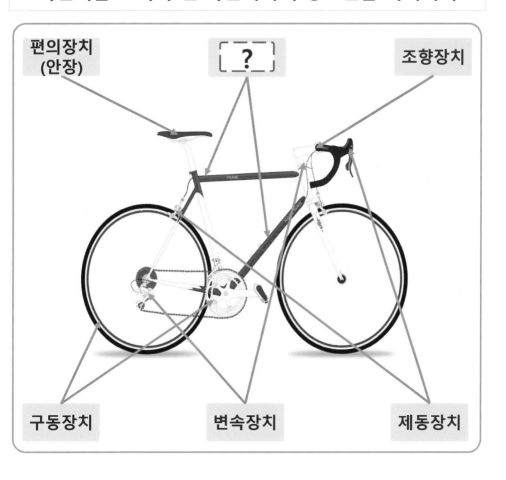

편의장치 (안장)

?

조향장치

구동장치

변속장치

제동장치

보기

① 엔진   ② 프레임   ③ 젓가락   ④ 스피커

2. 1개 축으로 요인을 활용하는 경우

① 자전거를 고치기 전 자전거의 구성요인을 파악하자

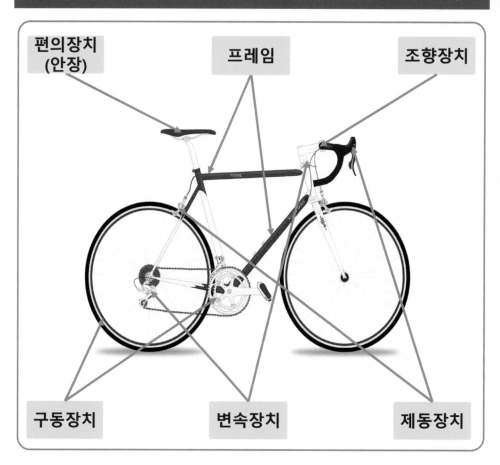

편의장치
(안장)

프레임

조향장치

구동장치

변속장치

제동장치

보기

① 엔진   ❷ 프레임   ③ 젓가락   ④ 스피커

2. 1개 축으로 요인을 활용하는 경우

정답 고르기

② 김복동 씨가 개조하지 않아도 되는 부품은 무엇일까?

김복동 씨는 자신의 자전거가
조향장치, 변속장치, 제동장치, 편의장치에
개선할 여지가 있음을 확인했습니다.
이 4가지를 더 깊게 진단하고 본격적인 수리를 하려고 합니다

조향장치	핸들	헤드셋	포크	앞바퀴 ···
변속장치	체인	변속기	체인링	크랭크 ···
제동장치	손잡이	브레이크	와이어	패드 ···
편의장치	안장	음료 거치대	딸랑이	손잡이 쿠션 ···

김복동 씨가 개조하지 않아도 되는 부품은 무엇일까요?

보기

① 조향장치 - 포크　　　② 변속장치 - 체인

③ 제동장치 - 브레이크　　④ 편의장치 - 음료거치대

2. 1개 축으로 요인을 활용하는 경우

② 김복동 씨가 개조하지 않아도 되는 부품은 무엇일까?

김복동 씨는 자신의 자전거가
조향장치, 변속장치, 제동장치, 편의장치에
개선할 여지가 있음을 확인했습니다.
이 4가지를 더 깊게 진단하고 본격적인 수리를 하려고 합니다

조향장치	핸들	헤드셋	포크	앞바퀴	•••
변속장치	체인	변속기	체인링	크랭크	•••
제동장치	손잡이	브레이크	와이어	패드	•••
편의장치	안장	음료 거치대	딸랑이	손잡이 쿠션	•••

김복동 씨가 개조하지 않아도 되는 부품은 무엇일까요?

보기

① 조향장치 - 포크   **②** 변속장치 - 체인

③ 제동장치 - 브레이크   **❹ 편의장치 - 음료거치대**

---

2. 1개 축으로 요인을 활용하는 경우

한계, 범위, 제약사항 등을 전제 조건으로 설정하기

2-1)의 우유 사례에선 눈에 보이는 것과 보이지 않는 것을 고려하면서 요인을 도출했고, 2-2)의 패션 사례에선 속성이 요인이 될 수도 있음을 소개했습니다.

이번 2-3)의 자전거 사례에선 **한계, 범위, 제약사항 등을 전제 조건으로 두고 아이디어를 도출**한 것입니다.

즉 자전거의 '기능'이나 '역할'을 설명하는 조향, 변속, 제동, 편의 등을 '요인'로 한 것입니다. 이런 요인들은 사전 배경지식이 조금 부족해도 특정 제품의 세부 부품들이 이유 없이 존재하지 않는다는 것을 생각하고, 같은 속성의 부품끼리 그룹핑하여 도출할 수 있습니다.

형태분석법을 이렇게 활용할 땐, 품질을 개선하거나 비용을 절감하려는 아이디어 도출 때 유용합니다.

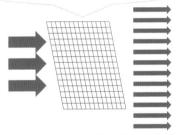

경우에 따라서
전제조건 또는 제약조건을 걸어
형태분석법을 활용

2. 1개 축으로 요인을 활용하는 경우

이런 자전거가 있는 사실을 알고 있나요?

No Pedals Bike - Flinstones Cycle

페달 없는 자전거
영상링크
FLIZ New Concept No Pedals Bike - Flinstones Cycle - YouTube

StreetFlyer

행글라이더형 자전거
영상링크
StreetFlyer Slide Show Final Version.wmv - YouTube

Sideways Bike

옆으로 타는 자전거
영상링크
Invention : Sideways Bike (Snowboard Bicycle / Snowboard Bike) - YouTube

2. 1개 축으로 요인을 활용하는 경우

3. 2개 축으로 요인을 활용하는 경우

1) 꼼꼼한 고객이 원하는 옥외광고판은?

2) 획기적인 아이디어를 반영한 옷걸이

3) 지하철 타는 고객이 감동받는 방법은?

차별화된 옥외광고판을 디자인해보자

간판 디자인은 귀여운 느낌이 들지만 환상적인 요소가 있으면 좋을 것 같아요. 아! 그리고! 어린 감성에 다양한 표정 같은 느낌이 있으면.... **아무튼 잘 부탁할게요~ ^^**

어떻게 해야 만족할까?...

네~! 맡겨주세요!

"꼭 고객님이 원하는 간판을 만들겠습니다..."

장장 5시간 동안 '옥외광고판 제작을 위한 컨셉 미팅'을 마친 황광고 씨가 고객에게 건낸 말 입니다. 일단 원하는 간판을 만들겠다고 말은 했지만, 꼼꼼한 고객을 만족시키긴 여간 힘든 일이 아닐 것 같습니다. 그래서 황광고씨는 고민 했습니다.

'광고판 구성 요소'와 고객이 중요하게 생각하는 '디자인이 주는 느낌'을 행렬로 나열해, 고객이 진정 원하는 것을 찾아야 겠어. 이렇게 하면 분명 답이 나올 거야!

① **옥외광고판의 요인을 나열해보자**

옥외광고판 요인 리스트_행 (세로 축)

내용

종류	가로형	세로형	사선형	돌출형	함몰형 ···
몸체	사각형	원형	문자형	특수 도형형	디자인형 ···
조명 (작동 방식)	내부	외부	비조명		
조명 (발광 기술)	백열등	형광등	LED	자연광	반사광 ···
서체	벡터 폰트	웹 폰트	캐릭터 폰트	액션 폰트	색상 폰트 ···
[?]	난색	한색	무채색	유채색 ···	
재질	스카시	아크릴	철재	목재	섬유 ···

--- 보기 ---

1 색채   **2** 수명   **3** 거래처 성향

3. 2개 축으로 요인을 활용하는 경우

① 옥외광고판의 요인을 나열해보자

옥외광고판 요인 리스트_행 (세로 축)

	내용				
종류	가로형	세로형	사선형	돌출형	함몰형 •••
몸체	사각형	원형	문자형	특수 도형형	디자인형 •••
조명 (작동 방식)	내부	외부	비조명		
조명 (발광 기술)	백열등	형광등	LED	자연광	반사광 •••
서체	벡터 폰트	웹 폰트	캐릭터 폰트	액션 폰트	색상 폰트 •••
색채	난색	한색	무채색	유채색 •••	
재질	스카시	아크릴	철재	목재	섬유 •••

보기

❶ 색채	② 수명	③ 거래처 성향

3. 2개 축으로 요인을 활용하는 경우

3-1) 꼼꼼한 고객이 원하는 옥외광고판은?

정답 고르기

② **'고객의 니즈'를 나열해보자**

고객 니즈 List up_열 (가로 축)

	귀여운	**?**	**온화한**	**화려한**	**정돈된** ...
내용	아기자기한	가벼운	잔잔한	환상적인	단정한
	오밀조밀한	부드러운	인간적인	과한	가지런한
	사랑스러운	투명한	안정된	성숙한	은은한
	이쁜	깔끔한	연약한	매력적인	단순한
	잘생긴	상쾌한	약한	복잡한	정적인
	어린	빛나는	순수한	다양한	그윽한
	달콤한	순수한	유연한	색 많은	매끄러운
	⋮	⋮	⋮	⋮	⋮

보기

1 더러운　　**2 맑은**　　**3 추잡스러운**

3. 2개 축으로 요인을 활용하는 경우

② '고객의 니즈'를 나열해보자

고객 니즈 List up_열 (가로 축)

귀여운	맑은	온화한	화려한	정돈된 ...
아기자기한	가벼운	잔잔한	환상적인	단정한
오밀조밀한	부드러운	인간적인	과한	가지런한
사랑스러운	투명한	안정된	성숙한	은은한
이쁜	깔끔한	연약한	매력적인	단순한
잘생긴	상쾌한	약한	복잡한	정적인
어린	빛나는	순수한	다양한	그윽한
달콤한	순수한	유연한	색 많은	매끄러운
⋮	⋮	⋮	⋮	⋮

내용

보기

① 더러운　　　❷ 맑은　　　③ 추잡스러운

3. 2개 축으로 요인을 활용하는 경우

옥외 광고판 요인 세분화 (세로축, 46page 활용)

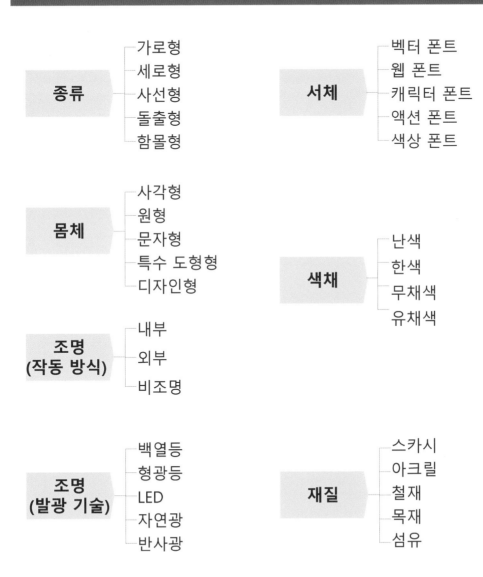

종류
- 가로형
- 세로형
- 사선형
- 돌출형
- 함몰형

서체
- 벡터 폰트
- 웹 폰트
- 캐릭터 폰트
- 액션 폰트
- 색상 폰트

몸체
- 사각형
- 원형
- 문자형
- 특수 도형형
- 디자인형

색채
- 난색
- 한색
- 무채색
- 유채색

조명 (작동 방식)
- 내부
- 외부
- 비조명

조명 (발광 기술)
- 백열등
- 형광등
- LED
- 자연광
- 반사광

재질
- 스카시
- 아크릴
- 철재
- 목재
- 섬유

3. 2개 축으로 요인을 활용하는 경우

고객 니즈 요인 그룹핑 (가로축, 46page 활용)

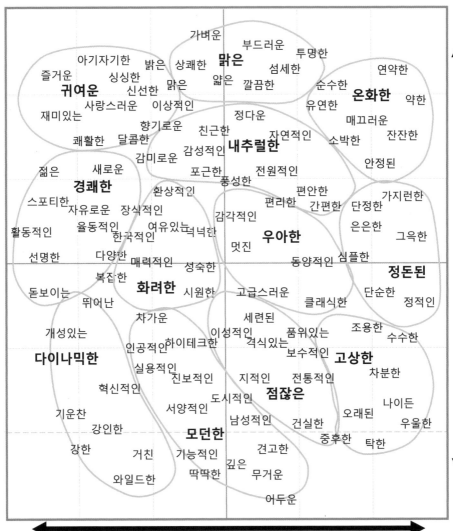

Source : IRI Design Institute

3. 2개 축으로 요인을 활용하는 경우

48

③ **도출한 요인과 속성들로 아이디어를 고민해보자**

고객 니즈 간판 요인		즐거운 쾌활한 **귀여운**	깔끔하 상쾌한 **맑은**	소박하 잔잔한 **온화한**	복잡하 환상적인 **화려한**	심플하 그윽한 **은은한**
종류	세로형 사선형 돌출형	아기자기한 돌출형	가벼운 사선형	잔잔한 가로형	과한 돌출형	단정한 세로형
몸체	사각형 특수형 원형	오밀조밀한 사각형	부드러운 특수도형	유연한 원형	복잡한 디자인형	단순한 직사각형
조명 **(작동방식)**	내부 외부 비조명	내부조명	외부조명	비조명	내부조명+ 외부조명	약한 내부조명
조명 **(발광기술)**	자연광 반사광 LED	자연광	반사광	백열등	다색의 LED	반사광+ LED
서체	엽서체 휴먼체 고딕체	**?**	가벼운 휴먼체	안정된 고딕체	**화려한 에스체**	단순한 고딕체
색채	핑크색 흰색 남색	밝은 핑크색	투명한 흰색	안정된 남색	안정된 남색	그윽한 해질녘색
재질	섬유 아크릴 목재	부드러운 섬유	깔끔한 아크릴	안정적인 목재	빛이 반사 되는 철재	오래된 목재

보기

① 귀여운 엽서체	② 진지한 궁서체	③ **깔끔한 견고딕체**

3. 2개 축으로 요인을 활용하는 경우

③ **도출한 요인과 속성들로 아이디어를 고민해보자**

고객 니즈　／　간판 요인		즐거운 쾌활한 **귀여운**	깔끔한 상쾌한 **맑은**	소박한 잔잔한 **온화한**	복잡한 환상적인 **화려한**	심플한 그윽한 **은은한** …
종류	세로형 사선형 돌출형	아기자기한 돌출형	가벼운 사선형	잔잔한 가로형	과한 돌출형	단정한 세로형
몸체	사각형 특수형 원형	오밀조밀한 사각형	부드러운 특수도형	유연한 원형	복잡한 디자인형	단순한 직사각형
조명 (작동방식)	내부 외부 비조명	내부조명	외부조명	비조명	내부조명+ 외부조명	약한 내부조명
조명 (발광기술)	자연광 반사광 LED	자연광	반사광	백열등	다색의 LED	반사광+ LED
서체	엽서체 휴먼체 고딕체	귀여운 엽서체	가벼운 휴먼체	안정된 고딕체	**화려한 예스체**	단순한 고딕체
색채	핑크색 흰색 남색	밝은 핑크색	투명한 흰색	안정된 남색	안정된 남색	그윽한 해질녘색
재질	섬유 아크릴 목재	부드러운 섬유	깔끔한 아크릴	안정적인 목재	빛이 반사 되는 철재	오래된 목재

보기

❶ 귀여운 엽서체　　② 진지한 궁서체　　③ **깔끔한 견고딕체**

3. 2개 축으로 요인을 활용하는 경우　　좀 더 확인하고 싶다면? -> 클릭

도출할 수 있는 광고판 디자인 아이디어 수는?

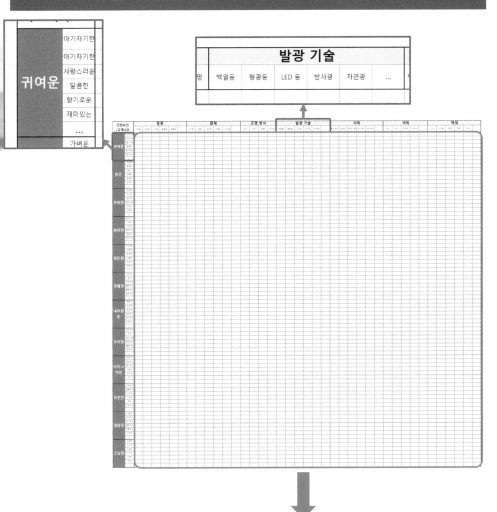

도출할 수 있는 아이디어 수는?
3,276개 + α

3. 2개 축으로 요인을 활용하는 경우

한계, 범위, 제약사항 등을 전제 조건으로 설정하기

형태분석법에서 요인을 1개 축으로만 사용하지 않고 **2개 축으로 사용하는 경우도 '어떤 요인을 활용할지' 결정하는 과정이 중요합니다.**

이 때 자연스럽게 생각할 수 있는 요인은 대표적으로 **내외부 고객의 '니즈'** 입니다. 그래서 앞서 생각해봤던 1개 요인을 세로로 나열하고, 고객 니즈를 가로로 나열한 후 크로스 영역에서 아이디어를 도출하는 것이지요.

유의사항은 속성들을 모두 나열하게 되면 형태분석법 매트릭스가 복잡해지므로 **비슷한 내용끼리 그룹핑하고 대표 단어, 용어, 문구를 활용**하는 것입니다.

비슷한 내용/단어는
그룹핑 한다라...
'경제적인'과 '비싸지 않은'
이 두 개는 '값싼'으로
묶을 수 있겠네!

2. 1개 축으로 요인을 활용하는 경우

2021년 서울시가 선정한 좋은 간판은?

꽃집 – 오늘의 계절

공방 – 우물길 정원

음식점 - 솥밥세끼&김치찜세끼

북카페 - 이음

여행사 - 세계여행사

카페 – 카페2020

좋은 간판을 더 구경하고 싶다면?
서울좋은간판 (seoul.go.kr)

Source : 서울좋은간판
3. 2개 축으로 요인을 활용하는 경우

옷걸이가 밥 먹여 주니? (취업해 주니?)

형태분석법을
어떻게 활용할까?

취업준비생 양채용 씨는 대기업 S사의 최종면접을 기다리고
있습니다. 보통의 기업과 다르게 S사에선 최종면접자에게
'획기적인 아이디어를 고민하고, 고민하는 과정을 PT해라'라는
미션을 주었습니다. 어려운 미션이지만 다행히 주제는 자유입니다.

양채용 씨는 당장 눈앞에 보이는 세탁소 옷걸이를 주제로
선정했습니다. 그리고 형태분석법을 통해 아이디어를 도출할
생각입니다.여기서 더 나아가 형태분석법의 2개 요인 중 하나의
요인을 SCAMPER로 설정하고 최종면접관에게 어필할 계획입니다.
양채용 씨는 최종면접에 합격할 수 있을까요?

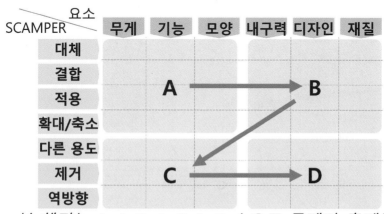

SCAMPER ＼ 요소	무게	기능	모양	내구력	디자인	재질
대체						
결합						
적용		A	→	B		
확대/축소						
다른 용도						
제거		C	→	D		
역방향						

본 챕터는 A → B → C → D 순으로 문제가 출제됩니다.

3. 2개 축으로 요인을 활용하는 경우

정답 고르기

① **A 파트 아이디어 도출_빈칸에 어울리는 아이디어는?**

A	무게	기능	모양 ...
대체	옷걸이 소재를 **가벼운 탄소로 대체**해 봉 하나에 옷을 100개 이상 걸 수 있다면?	옷을 거는 기능을 **과일, 야채 등의 건조 역할로 대체** 한다면?	기존 삼각형 모양에서 오(ㅗ) 모양으로 **대체**한다면?
결합	무거운 옷을 견고히 걸기 위해 **쇠붙이를 결합하여 무게를 늘린다**면?	옷걸이에 홈을 만들어, 그 홈에 **방향제, 습기제거제 등을 결합 한다**면?	**과일 모형을 갈고리에 결합**해 나무에 열매가 맺히는 모습을 표현한다면?
적용	**가벼운 가시덩굴을 적용**하여 자연친화적 옷걸이를 만든다면?	**사물인터넷을 적용**시켜 옷걸이에 어떤 옷이 걸려있는지 알 수 있다면?	**집게 모양을 적용**하여 옷걸이가 봉에 아닌 다양한 곳에 걸린다면?
확대/ 축소	**무게를 축소**하여 약한 지지대에도 옷걸이를 걸 수 있다면?	**?**	**옷걸이의 모양을 축소하여** 소형 반려동물 전용 옷걸이로 쓴다면?

보기

1 강아지 전용 옷걸이를 만든다면? **2** '1옷걸이, 1옷'이 아닌 '1옷걸이 n옷'으로 옷을 더 많이 걸 수 있다면?

3. 2개 축으로 요인을 활용하는 경우

정답

① A 파트 아이디어 도출_빈칸에 어울리는 아이디어는?

A	무게	기능	모양	•••
대체	옷걸이 소재를 **가벼운 탄소로 대체**해 봉 하나에 옷을 100개 이상 걸 수 있다면?	옷을 거는 기능을 **과일, 야채 등의 건조 역할로 대체** 한다면?	**기존 삼각형 모양에서 오(ㅗ) 모양으로 대체**한다면?	
결합	무거운 옷을 견고히 걸기 위해 **쇠붙이를 결합하여 무게를 늘린다**면?	옷걸이에 홈을 만들어, 그 홈에 **방향제, 습기제거제 등을 결합 한다**면?	**과일 모형을 갈고리에 결합**해 나무에 열매가 맺히는 모습을 표현한다면?	
적용	**가벼운 가시덩굴을 적용**하여 자연친화적 옷걸이를 만든다면?	**사물인터넷을 적용**시켜 옷걸이에 어떤 옷이 걸려있는지 알 수 있다면?	**집게 모양을 적용**하여 옷걸이가 봉에 아닌 다양한 곳에 걸린다면?	
확대/ 축소	**무게를 축소**하여 약한 지지대에도 옷걸이를 걸 수 있다면?	'1옷걸이, 1옷'이 아닌 '1옷걸이 n옷'으로 **옷을 더 많이** 걸 수 있다면?	**옷걸이의 모양을 축소**하여 소형 반려동물 전용 옷걸이로 쓴다면?	

보기

① 강아지 전용 옷걸이를 만든다면? **❷** '1옷걸이, 1옷'이 아닌 '1옷걸이 n옷'으로 옷을 더 많이 걸 수 있다면?

3. 2개 축으로 요인을 활용하는 경우

정답 고르기

② B 파트 아이디어 도출_빈칸에 어울리는 아이디어는?

B ···	내구력	디자인	재질
대체	**내구력이 약한 소재 (종이 등)로 대체**하여 옷걸이 구매 빈도를 늘린다면?	**나뭇가지 디자인으로 옷걸이를 대체**한다면?	**얼음으로 옷걸이를 만들어**, 더운 공간/ 더운 나라에서 사용한다면?
결합	내구력이 강한 **강철 소재와 결합**한다면?	**유명 패션쇼 디자인을 옷걸이와 결합**한다면?	기존 옷걸이에 **편백나무를 결합**하여 향 나게 한다면?
적용	**콘크리트 기법을 적용**하여 반영구적인 옷걸이를 만든다면?	**?**	옷이 상하지 않도록 **실크소재로 옷걸이를 제작**한다면?
확대/ 축소	**내구력을 반 이상 줄여** 옷걸이 구매 빈도를 늘린다면?	**손거울 크기로 옷걸이를 만들어** 탁상용 장식으로 만든다면?	원가절감을 위해 옷걸이 재질을 **최하 품질로 만든다면?**

보기

1 갈고리 부분을 덩굴처럼 만들어 아무데나 던져도 옷걸이가 걸린다면?

2 자동으로 옷을 옷걸이에 걸어주는 기계를 발명한다면?

3. 2개 축으로 요인을 활용하는 경우

② B 파트 아이디어 도출_빈칸에 어울리는 아이디어는?

B ...	내구력	디자인	재질
대체	**내구력이 약한 소재 (종이 등)로 대체**하여 옷걸이 구매 빈도를 늘린다면?	**나뭇가지 디자인으로 옷걸이를 대체** 한다면?	**얼음으로 옷걸이를 만들어**, 더운 공간/ 더운 나라에서 사용한다면?
결합	내구력이 강한 **강철 소재와 결합**한다면?	**유명 패션쇼 디자인을 옷걸이와 결합**한다면?	기존 옷걸이에 **편백나무를 결합**하여 향 나게 한다면?
적용	**콘크리트 기법을 적용**하여 반영구적인 옷걸이를 만든다면?	**갈고리 부분을 덩굴처럼 만들어** 아무데나 던져도 옷걸이가 걸린다면?	옷이 상하지 않도록 **실크소재로 옷걸이를 제작**한다면?
확대/ 축소	**내구력을 반 이상 줄여** 옷걸이 구매 빈도를 늘린다면?	**손거울 크기로 옷걸이를 만들어** 탁상용 장식으로 만든다면?	원가절감을 위해 옷걸이 **재질을 최하 품질로 만든다**면?

보기

❶ 갈고리 부분을 덩굴처럼 만들어 아무데나 던져도 옷걸이가 걸린다면?

❷ 자동으로 옷을 옷걸이에 걸어주는 기계를 발명한다면?

3. 2개 축으로 요인을 활용하는 경우

정답 고르기

③ C 파트 아이디어 도출_빈칸에 어울리는 아이디어는?

	무게	기능	모양	⋯
다른 용도	옷걸이를 50개~100개 겹쳐 **무거운 운동 기구로 사용**한다면?	옷걸이 속 **철사를 재활용하여 수납장으로** 만든다면?	삼각형 옷걸이를 **인테리어 소재로 활용**한다면?	
제거	**철사를 제거하여 무게를 가볍게** 한다면?	갈고리 부분을 제거한다면?	**?**	
역방향	10kg 이상 무게로 만들어 **비상시 호신용으로 활용**한다면?	**옷자체에 옷걸이 기능을 추가** 한다면?	**역삼각형 모양으로 옷걸이를 만든다**면?	

보기

① 옷걸이 건물을 만들어 마케팅용으로 활용한다면?

② 형식적인 삼각형 모양을 제거하고 새로운 모양으로 옷걸이를 만든다면?

3. 2개 축으로 요인을 활용하는 경우

정답

③ C 파트 아이디어 도출_빈칸에 어울리는 아이디어는?

C	무게	기능	모양 ...
다른 용도	옷걸이를 50개~100개 겹쳐 **무거운 운동 기구로 사용**한다면?	옷걸이 속 **철사를 재활용하여 수납장으로 만든다**면?	삼각형 옷걸이를 **인테리어 소재로 활용**한다면?
제거	**철사를 제거하여 무게를 가볍게 한다**면?	**갈고리 부분을 제거**한다면?	형식적인 **삼각형 모양을 제거하고** 새로운 모양으로 옷걸이를 만든다면?
역방향	10kg 이상 무게로 만들어 **비상시 호신용으로 활용한다**면?	**옷자체에 옷걸이 기능을 추가** 한다면?	**역삼각형 모양으로 옷걸이를 만든다**면?

보기

① 옷걸이 건물을 만들어 마케팅용으로 활용한다면?

❷ 형식적인 삼각형 모양을 제거하고 새로운 모양으로 옷걸이를 만든다면?

3. 2개 축으로 요인을 활용하는 경우

60

④ D 파트 아이디어 도출_빈칸에 어울리는 아이디어는?

D ⋯	내구력	디자인	재질
다른 용도	옷걸이를 50개~100개 겹쳐 **단단한 공구로 만든다**면?	옷걸이 디자인을 **옷걸이 회사의 CI 로고로 활용한다**면?	옷걸이를 분해하고 분해된 재료를 **미술품으로 활용한다**면?
제거	**옷걸이 속 철사를 제거하고** 테를 모듈화하여 길이 및 높이조절이 가능하게 하자	갈고리 디자인을 제거하고 **ㄷ 모양으로 디자인 한다**면?	**코팅을 제거**하여 옷이 안 미끄러지게 하자
역방향	**내구력을 급격하게 낮춰** 포스트잇 처럼 일회용 옷걸이로 사용한다면?	**?**	옷 상태를 망치는 재질 (녹슨 금속, 연탄 등)으로 만든다면?

보기

1 나무재질로 바꾼다면? **2** 기존 옷걸이 모양을 뒤집는다면?

3. 2개 축으로 요인을 활용하는 경우

④ D 파트 아이디어 도출_빈칸에 어울리는 아이디어는?

D ⋯	내구력	디자인	재질
다른 용도	옷걸이를 50개~100개 겹쳐 **단단한 공구로 만든다**면?	옷걸이 디자인을 **옷걸이 회사의 CI 로고로 활용한다**면?	옷걸이를 분해하고 분해된 재료를 **미술품으로 활용한다**면?
제거	**옷걸이 속 철사를 제거하고** 테를 모듈화하여 길이 및 높이조절이 가능하게 하자	**갈고리 디자인을 제거하고 ㄷ 모양으로 디자인 한다**면?	**코팅을 제거**하여 옷이 안 미끄러지게 하자
역방향	**내구력을 급격하게 낮춰** 포스트잇 처럼 일회용 옷걸이로 사용한다면?	기존 옷걸이 모양을 뒤집는다면? 	옷 상태를 망치는 재질 (녹슨 금속, 연탄 등)으로 **만든다**면?

보기

❶ 나무재질로 바꾼다면?

❷ 기존 옷걸이 모양을 뒤집는다면?

3. 2개 축으로 요인을 활용하는 경우

형태분석법과 다른 아이디어 도출 툴 접목하기

지금까지 형태분석법에서 요인 도출이 중요하단 점을 말해왔다면, 이번 3-2)옷걸이 사례는 실제 이를 활용한 아이디어 도출까지 경험해보는 문제로 구성했습니다.

그리고 이미 독자적으로 쓸 수 있는 SCAMPER를 하나의 축으로 가져와 활용했습니다. SCAMPER 대신 'ERRC(Eliminate-Reduce-Raise-Create)와 같은 **다른 아이디어 도출 툴을 활용**해도 좋습니다.

끝으로 가로와 세로가 **교차되는 영역에선 1개의 아이디어만 생각하는 것이 아니라 더 많은 아이디어를 생각할 수 있고, 꼭 텍스트로 정리하지 않고 그림으로 표현해도 상관없습니다.**

SCAMPER,
ERRC, TRIZ 등 다른 툴과
엮어서 활용할 수 있구나!

아이디어 도출 툴이
또 뭐가 있을까?

2. 1개 축으로 요인을 활용하는 경우

옷걸이 한 개로 5벌의 바지를 걸 수 있다

A	무게	기능	모양	…
대체	옷걸이 소재를 가벼운 탄소로 대체해 봉 하나에 옷을 100개 이상 걸 수 있다면?	옷을 거는 기능을 과일, 야채 등의 건조 역할로 대체 한다면?	기존 삼각형 모양에서 오(ㅗ) 모양으로 대체한다면?	
결합	무거운 옷을 견고히 걸기 위해 쇠붙이를 결합하여 무게를 늘린다면?	옷걸이에 홈을 만들어, 그 홈에 방향제, 습기제거제 등을 결합 한다면?	과일 모형을 갈고리에 결합하여 나무에 열매가 맺히는 모습을 표현한다면?	
적용	가벼운 가시덩굴을 적용하여 자연친화적 옷걸이를 만든다면?	사물인터넷을 적용하여 옷걸이에 어떤 옷이 걸려있는지 알 수 있다면?	집게 모양을 적용 하여 옷걸이가 봉이 아닌 다양한 곳에 걸린다면?	
확대/축소	무게를 축소하여 약한 지지대에도 옷걸이를 걸 수 있다면?	'1옷걸이, 1옷'이 아닌 '1옷걸이 n옷'으로 **옷을 더 많이 걸 수 있다면?**	옷걸이의 모양을 축소하여 소형 반려동물 전용 옷걸이로 쓴다면?	

52p 내용 중 "'1옷걸이, 1옷'이 아닌 '1옷걸이 n옷'으로 옷을 더 많이 걸 수 있다면?"라는 아이디어가 있었는데요.

실제로 이 아이디어가 반영된 제품이 있습니다.

㈜태원트레이닝-마이퍼펙트 바지걸이

앞   옆

기존 바지걸이와 비슷한 형태이지만, 옷걸이 본체에 봉(bar) 4개를 붙여 바지 5개를 한 번에 걸 수 있도록 제작

Source : ㈜태원트레이닝-마이퍼펙트 바지걸이

3. 2개 축으로 요인을 활용하는 경우

지하철 이용 고객에게 감동을 주는 방법 찾기

나의 일은 고객을 감동시키는 것!!!

매사에 열정적이고 성실한 교통공사 직원 도성실 씨는 고객에게 감동을 주기 위해 노력하고 있습니다.

평소에 친절하게/성실히 지하철 고객에게 서비스를 제공하지만, 지금 이 방법으로는 감동을 주기엔 부족하다고 느낍니다.

그래서 도성실 씨는 체계적으로 고객을 감동시킬 방법을 찾고 있습니다. 고객이 지하철에 입장하고 퇴장할 때까지 감동을 주려면 어떤 방법이 필요할까요?

니즈 ＼ 프로세스	열차까지 갈 때	열차를 탔을 때	열차에 내렸을 때
빠르다			
편리하다			
재미있다		**A**	
추억에 남는다			
널찍하다			
조용하다		**B**	
안전하다			
고급스럽다		**C**	
깨끗하다			
유익하다			
정확하다		**D**	

본 챕터는 A → B → C → D 순으로 문제가 출제됩니다.

3. 2개 축으로 요인을 활용하는 경우

① A 파트 아이디어 도출_빈칸에 어울리는 아이디어는?

A	열차까지 갈 때	열차를 탔을 때	열차에 내렸을 때
빠르다	고객이 **개찰구에 지나갈 때 자동으로 결제가 될 수 있다면?**	**?**	나갈 때도 **개찰구에 카드를 찍지 않고 나갈 수 있다면?**
편리하다	지하철 로비에 스마트폰 충전기, 자판기 등 **편의 시설을 확장한다면?**	객실에 앉을 수 있는 공간이 부족한 것 같아 **움직이는 의자를 배치하면 어떨까?**	**환승 고객이 헷갈리지 않도록 환승 동선을** LED나 불빛 등으로 **표기한다면?**
재미있다	게임회사와 협업하여 **게임 참여 이벤트를 로비에서 진행해보자**	버스 캐릭터 타요처럼 **지하철을 캐릭터화** 하면 어린 애들이 좋아하지 않을까?	**계단 사용 권장 이벤트를 진행하여** 고객의 건강과 재미를 동시에 챙기자

보기

① 급행 열차 보다
더 빠른 Z 열차가 있다면?

② 고객에게 수면제를 줘서
체감상 목적지에 빨리 도착한
것처럼 해보자

3. 2개 축으로 요인을 활용하는 경우

3-3) 지하철 타는 고객이 감동받는 방법은?

① A 파트 아이디어 도출_빈칸에 어울리는 아이디어는?

A	열차까지 갈 때	열차를 탔을 때	열차에 내렸을 때
빠르다	고객이 **개찰구에 지나갈 때 자동으로 결제가 될 수 있다면?**	급행 열차 보다 **더 빠른 Z 열차가 있다면?**	나갈 때도 **개찰구에 카드를 찍지 않고 나갈 수 있다면?**
편리하다	지하철 로비에 스마트폰 충전기, 자판기 등 **편의 시설을 확장한다면?**	객실에 앉을 수 있는 공간이 부족한 것 같아 **움직이는 의자를 배치하면 어떨까?**	**환승 고객이 헷갈리지 않도록 환승 동선을** LED나 불빛 등으로 **표기한다면?**
재미있다	게임회사와 협업하여 **게임 참여 이벤트를 로비에서 진행해보자**	버스 캐릭터 타요처럼 **지하철을 캐릭터화** 하면 어린 애들이 좋아하지 않을까?	**계단 사용 권장 이벤트를 진행하여** 고객의 건강과 재미를 동시에 챙기자

보기

❶ 급행 열차 보다 더 빠른 Z 열차가 있다면?

❷ 고객에게 수면제를 줘서 체감상 목적지에 빨리 도착한 것처럼 해보자

3. 2개 축으로 요인을 활용하는 경우

ゆ

② B 파트 아이디어 도출_빈칸에 어울리는 아이디어는?

B	열차까지 갈 때	열차를 탔을 때	열차에 내렸을 때
추억에 남는다	재미있는 거울을 설치해서 **고객이 자신의 사진을 SNS에 올리게 하자**	**계절에** 어울리는 **테마로 객실 내부를 디자인한다면** 어떨까?	고객이 밖으로 **나가는 동선에 재미있는 그림이나 동영상을 틀면** 어떨까?
널찍하다	러쉬아워에 지하철을 기다리는 줄이 길어... **이건 물리적으로 공간을 확보해야 해**	**객실과 객실을 이동할 때 공간을 넉넉하게** 할 순 없을까?	체격이 큰 고객을 위한 **넓은 에스컬레이터를 만들기 위해선** 어떻게 해야 할까?
조용하다	**?**	지하철 승객에게 귀마개를 주면 운행 중 기계 소음을 줄일 수 있지 않을까?	역 내 상가 사장님들의 **호객행위를 조용하게 해달라고 부탁해볼까?**

보기

① MZ세대 고객을 위해 클럽 음악을 크게 틀자

② 많은 고객의 발소리가 들리지 않도록 카펫을 깔면 어떨까?

3. 2개 축으로 요인을 활용하는 경우

정답

② B 파트 아이디어 도출_빈칸에 어울리는 아이디어는?

B	열차까지 갈 때	열차를 탔을 때	열차에 내렸을 때
추억에 남는다	재미있는 거울을 설치해서 **고객이 자신의 사진을 SNS에 올리게 하자**	**계절에** 어울리는 **테마로 객실 내부를 디자인한다면** 어떨까?	고객이 밖으로 **나갈 때 까지 재미있는 사연을 스피커로 틀어주면 어떨까?**
널찍하다	러쉬아워에 지하철을 기다리는 줄이 길어... **이건 물리적으로 공간을 확보해야 해**	**객실과 객실을 이동할 때 공간을 넉넉하게** 할 순 없을까?	체격이 큰 고객을 위한 **넓은 에스컬레이터를 만들기 위해선** 어떻게 해야 할까?
조용하다	많은 고객의 **발소리가 들리지 않도록 카펫을 깔면** 어떨까?	지하철 승객에게 귀마개를 주면 운행 중 기계 소음을 줄일 수 있지 않을까?	역 내 상가 사장님들의 **호객행위를 조용하게 해달라고 부탁해볼까?**

보기

❶MZ세대 고객을 위해 클럽 음악을 크게 틀자

❷많은 고객의 발소리가 들리지 않도록 카펫을 깔면 어떨까?

3. 2개 축으로 요인을 활용하는 경우

③ C 파트 아이디어 도출_빈칸에 어울리는 아이디어는?

c	열차까지 갈 때	열차를 탔을 때	열차에 내렸을 때
안전하다	**?**	객실 내부에서 **위급 상황 발생 시 바로 조치 할 수 있는 직원을 배치**해보자	에스컬레이터 탑승 주의 사항이 담긴 포스터를 크게 설치하자
고급 스럽다	**로비에 미술품을 전시해보자** 신인 작가 작품 위주로 전시하면 좋을 것 같아	과거 유럽 **귀족 컨셉으로 객실 하나만 꾸며볼까?**	관광지로 유명한 역에는 **전문 여행가이드를 배치**하고 고객들에게 **관광 서비스를 제공**하자
깨끗하다	고객이 입장할 때부터 쾌적한 느낌을 주기위해, **로비 전체 청소 빈도를 높이자**	보이는 곳만 깨끗하면 안돼. **시트, 손잡이 등 탈부착 시설도 청소**해야 해	**지하철역 지상 인근도 업체를 불러 청소하자**

보기

① 지하철 치안을 위해 사각지대가 없도록 CCTV를 증설하자

② 안전은 우리가 상관할 부분이 아니야. 고객 스스로 자신을 지켜야 해

3. 2개 축으로 요인을 활용하는 경우

정답

③ C 파트 아이디어 도출_빈칸에 어울리는 아이디어는?

C	열차까지 갈 때	열차를 탔을 때	열차에 내렸을 때
안전하다	지하철 치안을 위해 사각지대가 없도록 **CCTV를 증설하자**	객실 내부에서 **위급 상황 발생 시 바로 조치 할 수 있는 직원을 배치**해보자	**에스컬레이터 탑승 주의 사항이 담긴 포스터를 크게 설치**하자
고급 스럽다	**로비에 미술품을 전시해보자** 신인 작가 작품 위주로 전시하면 좋을 것 같아	과거 유럽 **귀족 컨셉으로 객실 하나만 꾸며볼까?**	관광지로 유명한 역에는 **전문 여행가이드를 배치하고** 고객들에게 **관광 서비스를 제공**하자
깨끗하다	고객이 입장할 때부터 쾌적한 느낌을 주기위해, **로비 전체 청소 빈도를 높이자**	보이는 곳만 깨끗하면 안돼. **시트, 손잡이 등 탈부착 시설도 청소**해야 해	**지하철역 지상 인근도 업체를 불러 청소하자**

보기

❶ 지하철 치안을 위해 사각지대가 없도록 CCTV를 증설하자

❷ 안전은 우리가 상관할 부분이 아니야. 고객 스스로 자신을 지켜야 해

3. 2개 축으로 요인을 활용하는 경우

정답 고르기

④ D 파트 아이디어 도출_빈칸에 어울리는 아이디어는?

D	열차까지 갈 때	열차를 탔을 때	열차에 내렸을 때
유익하다	각 정거장이 가지고 있는 **역사와 특징을** 박물관처럼 보여주면 어떨까?	3.1절, 광복절 등 **특별한 기념일에는** 객실 모니터를 통해 관련 영상을 틀어주자	버스 환승 고객을 위해 **환승하고자 하는 버스가 몇 번 출구에** 있는지 알려주자
정확하다	고객이 **'객실내 인원수'를** 알고 **있다면** 혼잡한 객실을 피할 수 있지 않을까?	비상/응급 상황을 대비해 **'비상/응급 상황 시 추가 대기 시간'도** 표기하자	**?**

보기

① 객실 내부에 오락기를 설치해 고객이 심심할 틈이 없게 하자

② 고객이 객실에서 내리면 원하는 출구까지 가는 시간을 알려주자

3. 2개 축으로 요인을 활용하는 경우

정답

④ D 파트 아이디어 도출_빈칸에 어울리는 아이디어는?

	열차까지 갈 때	열차를 탔을 때	열차에 내렸을 때
유익하다	각 정거장이 가지고 있는 **역사와 특징을 박물관처럼 보여주면 어떨까?**	3.1절, 광복절 등 **특별한 기념일에는 객실 모니터를 통해 관련 영상을 틀어주자**	버스 환승 고객을 위해 **환승하고자 하는 버스가 몇 번 출구에 있는지 알려주자**
정확하다	고객이 **'객실내 인원수'를 알고 있다면** 혼잡한 객실을 피할 수 있지 않을까?	비상/응급 상황을 대비해 **'비상/응급 상황 시 추가 대기 시간'도 표기하자**	고객이 **객실에서 내리면 출구까지 가는 시간을 알려주자**

보기

1 객실 내부에 오락기를 설치해 고객이 심심할 틈이 없게 하자

2 고객이 객실에서 내리면 원하는 출구까지 가는 시간을 알려주자

3. 2개 축으로 요인을 활용하는 경우

형태분석법으로 서비스 아이디어 도출하기

형태분석법은 제품 아이디어 뿐만 아니라 서비스를 개선하는 아이디어 도출에도 활용할 수 있습니다.

3-2) 지하철 사례의 2개 요인은 서비스 개선 측면에서 가장 자주 사용하는 요인들로써 1개 요인은 **고객 니즈**, 다른 1개는 **CJM(Customer Journey Map, Process)** 입니다.

이렇게 아이디어를 도출하는 방법은 그냥 CJM 활용 아이디어 도출 방법이라고 할 정도로 많이 쓰이는 방법 중 하나입니다.

Customer Journey Map은 고객이 우리 제품이나 서비스를 사용할 때 시간이나 프로세스에 따라 경험하는 것을 정리하고 기회를 찾는 것이구나

2. 1개 축으로 요인을 활용하는 경우

장애인을 위한 편의시설 확대

"2025년까지 서울 지하철 모든 역에 승강기...장애인콜택시 확대"

매일경제 2022.02.10

...서울시는 장애인 등 교통약자의 이동 편의 증진을 위해 올해부터 **2025년까지 대중교통 이용 환경 개선을 추진**한다고 10일 밝혔다...

...**'1역사 1동선'**을 확보하기 위해 **326개 전체 역사에 최소 1개 이상의 엘리베이터를 설치**한다....
1역사 1동선은 지하철역에서 교통약자가 지상에서 대합실을 거쳐 승강장까지 엘리베이터나 에스컬레이터 등을 이용해 하나의 동선에 따라 움직일 수 있는 체계를 말한다.

...도시교통실장은 "장애인 등 교통약자를 비롯한 모든 시민이 서울 대중교통을 안전하고 편리하게 이용할 수 있도록 지속적인 인프라 확충과 환경 개선을 추진하겠다"고 말했다...

> 한 도시의 시민으로서
> 지하철을 개선할 수 있을까?
> 한다면 어떤 방법이 있을까?

Source : 매일경제 - "2025년까지 서울 지하철 모든 역에 승강기...장애인콜택시 확대"
3. 2개 축으로 요인을 활용하는 경우

4. Learning & Growth가 형태분석법을 활용한 사례

1) 형태분석법 주제 설정

2) 형태분석법 요인 선정

3) 형태분석법 아이디어 도출 과정

4) 마무리

4-1) 형태분석법 주제 선정

"형태분석법 주제는 선정했나요?"

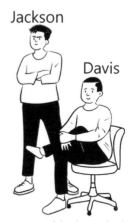

Learning & Growth팀 Ethan, Jackson, Davis는 형태분석법
워크북을 형태분석법을 활용해서 분석하려고 합니다. Ethan 주도로
미팅이 시작됐습니다.

Ethan: '형태분석법 워크북'에 형태분석법을 적용하여 파헤쳐
본다면 어떤 요인을 적용해야 할까요?

Jackson: 2개 요인 중 하나는 무조건 형태분석법 본질을 말해야 할
것 같아요. 그건 '내용', '폰트의 모양', '글씨, 사진, 그래프
등의 크기', '디자인', '텍스트 외 자료'가 있어요.

Ethan: 네 좋네요. 그러면 나머지 하나의 요인은 뭘로 설정하면
좋을까요?

Davis: 잠깐만요! 지금 형태분석법을 왜 하는지 **목표 또는 주제를
선정하는 작업이 선행되어야 할 것 같아요.** 무엇을 위해
형태분석법을 하는지를 먼저 말하지 않는다면 지금
도출하는 요인 2가지는 의미가 없다고 생각해요.

4-1) 형태분석법 주제 선정

"목표는 워크북을 널리 알리는 것!!!"

Ethan: Davis 말에 동의해요. 우리가 의욕이 앞서 목표를
정하지도 않고 형태분석법을 진행하려고 했네요. 주제를
설정하지 않으면 '리더가 없는 조직', '선장이 없는 항해선'
처럼 될 수 있으니까요.

Jackson: 그렇다면 주제 또는 목표는 무엇으로 할까요? 아무래도
궁극적인 목적은 '워크북이 많이 팔리는 것'이라고
생각하는데 다들 동의하시나요?

Davis '워크북이 많이 팔리는 것'이라는 목표도 좋지만,
'워크북을 널리 알리는 것'이 더 좋은 목표라고 생각해요.

Jackson: 그러네요. 워크북이 많이 알려지면, 판매량이 올라가는 건
자연스러운 과정이니까요. Ethan 생각은 어때요?

Ethan: 네 저도 좋은 목표라고 생각해요. 그런데 '워크북을 널리
알리는 것'이 가장 좋은 목표라고 생각하나요? 또 다른 건
없을까요? 없다면 이 주제로 형태분석법을 시작해보죠.

Jackson: 네 지금 우리가 원하는 건 형태분석법 워크북을 널리
알리고, 많이 파는 것이니까요. 지금 말한 목표에
동의합니다.

Davis: 네 저도 좋습니다.

4. Learning & Growth가 형태분석법을 활용하는 방법

4-2) 형태분석법 요인 선정

"형태분석표 세로축 요인을 독자의 니즈로 설정하자"

Ethan: 형태분석법 워크북을 널리 알리기 위해선 어떤 요인이 필요할까요?

Jackson: '독자가 원하는 워크북'을 무조건 생각해야 될 것 같아요. 한마디로 **'독자의 워크북 니즈'**를 고려한다는 것이죠. 그래서 독자들의 니즈가 뭐가 있는지 찾아서 속성으로 설정해야 합니다.

Davis: 동의합니다. 이 속성은 **'워크북 내용을 생활에 적용하기가 쉬워야 한다'**가 있을 것 같아요. 제가 독자라고 가정하면, 워크북을 직장에서 바로 사용할 수 있으면 좋겠다고 생각할 것 같거든요.

Ethan: **독자들은 실행 가능한 아이디어**를 원할 것 같아요. 그리고 저 역시 만약 독자가 된다면 **신박한 아이디어**가 있는 워크북을 구매할 것 같아요.

Jackson: 추가로 워크북은 e-book이기 때문에 **보기 편해야 되요.** 그리고 **비용도 저렴**해야 하고 **재미도 있어야죠**!

Ethan: 정리해보면 2개 요인 중 하나는 '워크북에 대한 독자들의 니즈'로 설정하고, 속성은 '생활에 적용하기 쉬운/실행 가능한 아이디어/신박한 아이디어/쉬운/저렴한/재미있는'으로 도출할 수 있겠네요.

독자의 워크북 니즈	생활에 적용하기 쉬운
	실행가능한 아이디어
	신박한 아이디어
	쉬운
	저렴한
	재미있는

Davis: 그럼 요인 2개 중 하나의 축을 선정했으니 나머지 하나도 선정해볼까요?

4-2) 형태분석법 요인 선정

Davis: 우리의 목표/주제는 '워크북을 널리 알리는 것'이니 남은 가로축 요인은 **마케팅으로 설정**하는 건 어떤가요? **Mess 마케팅과 틈새 마케팅으로 나눠서 고민**해보는 거죠.

Jackson: 네 그렇게 한 번 해볼까요? 그러면 현실적으로 우리가 할 수 있는 **Mess 마케팅엔 SNS 홍보가 있고, 독서 동호회에서 홍보**하는 방법이 있을 것 같아요.

Ethan: 틈새 마케팅엔 **상품기획자에게 직접 홍보**하는 방법이 있어요. **기업 규모에 따라서 스타트업/중견기업/대기업 상품기획자를 직접 컨택**하는 방법이죠.

Davis: 정리해보면 마케팅 속성엔 Mess 마케팅, 틈새 마케팅이 있으며 Mess마케팅 – SNS 홍보/독서 동호회 홍보, 틈새마케팅 – 스타트업/중견기업/대기업 상품기획자에게 직접 컨택하는 방법이네요.

마케팅				
Mess 마케팅		틈새 마케팅		
SNS 홍보	동호회 홍보	스타트업	중견기업	대기업

Ethan: 요인 2개를 선정했으니 Matrix를 만들고 아이디어를 도출해볼까요?

4-3) 형태분석법 아이디어 도출 과정

"잠깐만요! 지금 설정한 요인에 오류가 있는 것 같아요"

마케팅 니즈	Mess 마케팅		틈새 마케팅		
	SNS 홍보	동호회 홍보	스타트업	중견기업	대기업
생활에 적용하기 쉬운			1		
실행가능한 아이디어					
신박한 아이디어	2				
쉬운					
저렴한					
재미있는					

Ethan: 고객의 워크북 니즈를 세로, 마케팅을 가로로 배치했습니다. 속성들이 교차되는 부분에서 어떤 아이디어가 나올 수 있을까요?

Jackson: **1번 영역에서 스타트업, 중견기업 상품기획자 분들을 대상으로 '워크북 가이드를 따라하면 자연스럽게 아이디어를 도출할 수 있게 만들자'** 라는 아이디어가 생각났어요.

Davis: 왜 대기업 상품기획자는 해당이 안되나요?

Jackson: 보통 대기업은 자체 교육이 있다고 들었어요. 그래서 과감히 대기업 상품기획자는 타겟에서 제외한 거죠.

Davis: 아 그럴 수 있겠네요. **2번 영역에선 워크북 내의 컨텐츠 자체를 정말 신박한 사례로 채우면 좋을 것 같아요.**

Jackson: 그런데 지금 Matrix를 보고 있자니 한 가지 의문이 드네요. 지금 이 Matrix가 맞는 건가 싶어요.

4-3) 형태분석법 아이디어 도출 과정

"워크북은 제품이에요. 제품에 맞는 요인을 설정해야 합니다"

Ethan: 왜 의문이 들죠?

Jackson: **고객의 니즈를 충족시키는 아이디어가 굳이 마케팅 채널이나 대상에 따라 크게 달라지지 않는 것 같아요. 즉 2개가 완전히 독립(Independent)적이지 않은 것이죠.** 물론 고객의 니즈와 마케팅에 대해 고민은 필요하지만 조합이 잘못된 게 아닌가 싶어요.

Davis: Jackson 말에 동의해요. 또한 지금 다루고 있는 주제가 워크북이라는 제품이에요. 만약 주제가 서비스였다면 지금 선정한 요인은 괜찮을 수 있지만 **워크북은 제품**이니 요인 하나를 바꿔야 할 것 같아요.

Ethan: 고객의 니즈와 마케팅 중 하나를 다른 요인으로 대체한다면 **마케팅을 다른 요인으로 생각해야 될 것 같아요. 고객의 니즈 충족은 제품 인지도 상승 및 판매에 지대한 영향을 미칠 테니까요.**

Jackson: 네 알겠습니다. **마케팅을 대체할 요인은 형태분석법 본질을 생각해서 '워크북 형태'를 요인으로 두고, 속성은 '내용/폰트 모양/글씨, 사진, 그래프 등의 크기/ 디자인/텍스트 외 자료'로 설정하면 될 것 같아요.**

워크북 형태				
내용	폰트 모양	컨텐츠 크기	디자인	자료

Ethan: 그럼 수정된 요인을 다시 Matrix에 적용해서 아이디어를 도출해볼까요?

4. Learning & Growth가 형태분석법을 활용하는 방법

4-3) 형태분석법 아이디어 도출 과정

"2개의 요인 축도 설정했겠다 본격적으로 아이디어 도출해볼까"

형태 / 니즈	워크북 형태				
	내용	폰트 모양	항목크기	디자인	자료
생활에 적용하기 쉬운	1	2	3	4	5
실행가능한 아이디어	6	7	8	9	10
신박한 아이디어	11	12	13	14	15
쉬운	16	17	18	19	20
저렴한	21	22	23	24	25
재미있는	26	27	28	29	30

Ethan: 요인을 수정하니 확실히 Matrix가 의미 있어 보이네요.
속성들이 겹치는 부분에 어떤 아이디어가 있을까요?
순서 상관없이 생각나는 데로 자유롭게 이야기 해봐요.

Ethan, Jackson, Davis

1번- 워크북을 읽자 마자 활용가능한 아이디어를 소개한다

6번- 워크북 가이드를 따라하면 자연스럽게 아이디어를 도출할 수
있게 워크북을 만들자

13번- 궁금증을 자아내는 질문을 페이지에 꽉 채우도록 크게 써서
배치하자

14번- 자극적인 이미지를 노골적으로 보여주자

16번- 문제를 푼 후 무엇을 생각해야 하는지 부연설명을 추가하자

24번- 책 디자인 퀄리티를 명품/고급 스타일로 제작하여 독자가
가성비 있는 책이라고 느끼게 만들자

30번- 글씨 없이 그림만으로 내용을 이해하게 만들자
(like IKEA 가구 조립 설명서)

4. Learning & Growth가 형태분석법을 활용하는 방법

4-4) 마무리

⋮

형태분석법 미팅 2시간 후...

Ethan: 자 이렇게 '형태분석법 워크북을 널리 알리기 위한 아이디어'가 30개 넘게 도출 되었네요. 형태분석법을 직접 경험한 소감은 어떤가요?

Davis 아이디어를 도출하기 전까지 요인을 선정하는 작업이 의외로 힘들었어요. 쉽게 도출될 줄 알았는데 막상 경험해보니 어렵더라구요. 그래서 오히려 아이디어 도출하는 작업이 쉽게 느껴졌어요.

Jackson 형태분석법은 품질을 개선하는 것처럼 제품이나 서비스와 직접 관련된 아이디어를 도출할 때 적합한 분석법인 것 같아요. 그리고 가로축 요인과 세로축 요인을 정할 때 2개가 서로 독립되어 있어야 하는데, 그게 아니라면 이 툴의 장점을 활용하기 어렵다는 것도 알게 되었고요.

Ethan: 네 맞아요. 그런 뒤 빠르게 요인을 워크북 형태로 바꿔 품질 높은 미팅이 되었네요. 다들 수고했어요.

참고) L&G가 형태분석법 미팅 시 활용했던 화이트 보드

마케팅(홍보)으로 설정 했을 때
요인을 고객 효익,

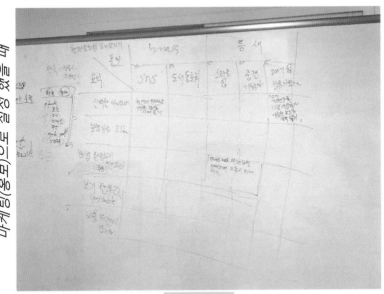

수정 후

워크북 형태로 설정 했을 때
요인을 고객 효익,

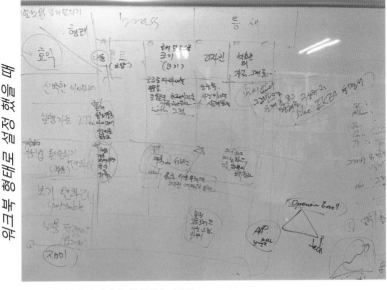

4. Learning & Growth가 형태분석법을 활용하는 방법

3장
일상 속 형태분석법

MA

일상 속 형태분석법

눈에 보이는 모든 제품들이 형태분석법 대상이 될 수 있습니다. 아침에 침대를 바라보면서 '나를 더 상쾌하게 깨우거나 한 번에 깨워주게 개선할 순 없을까?' 라고 생각하고, 현관문을 열고 나갈 때 '알아서 내가 나가는 것을 인식하고 자동으로 문을 열어준 뒤, 닫히게 할 순 없을까?'하면서 편의를 더 향상시키는 생각을 해보는 것입니다.

특정 제품 하나를 바라보면서도 다양한 각도로 아이디어를 낼 수 있습니다. '현관문을 바라보면서 더 가볍지만 튼튼하게 만들려면 재질을 무엇으로 바꿔야 하나?', '현관문에 디스플레이를 달아 나가기 전 날씨와 교통 상황을 알려주면 좋겠다' 등 품질 개선이나 기능 개선, 비용 절감 등의 아이디어를 낼 수도 있습니다.

즉 독자 여러분이 평소에 관심을 가지고 있는 제품, 서비스를 한 번 더 자세히 바라보는 방법이 일상 속 형태분석법의 시작입니다.

Learning and Growth E book 시리즈 소개

비즈니스 워크북 책 정보가 궁금하시면 이미지를 눌러주세요

MECE 워크북

MECE 워크북
국내선 이용 편

MECE 워크북
영화 관람 편

MECE 워크북
점심식사 편

비즈니스 매너
워크북

스캠퍼
워크북

형태분석법
워크북

저,신입인데
이거 물어봐도
되나요?

산업 워크북 책 정보가 궁금하시면 이미지를 눌러주세요

Ballpark 워크북

병원 산업 워크북

프로젝트 리더십

저자명 | Learning & Growth

출판사 | (주)시그나이터

ISBN | 979-11-92460-00-0

출판일 | 2022-05-20

판매가 | 7,200 원